RÉPONSE

A M. L'ABBÉ NOLIBOIS.

RÉPONSE

A M. L'ABBÉ NOLIBOIS

GÉRANT DU JOURNAL L'AQUITAINE,

A PROPOS DE LA

RECONSTRUCTION DE LA TOUR SAINT-MICHEL DE BORDEAUX,

PAR

Charles MARIONNEAU.

BORDEAUX,
CHAUMAS-GAYET, LIBRAIRE,
FOSSÉS DU CHAPEAU-ROUGE, 34.

1866.

A MESSIEURS LES MEMBRES DE LA COMMISSION

DES MONUMENTS ET DOCUMENTS HISTORIQUES

ET DES BATIMENTS CIVILS DE LA GIRONDE

MESSIEURS ET CHERS COLLÈGUES,

Toutes les questions relatives à la splendeur de notre cité doivent vous être chères, notre institution ayant le double but de veiller à la conservation des édifices que nous ont légués nos pères, comme à l'heureuse conception des édifices contemporains. Dès lors, quelles que soient les opinions qui se produisent, tout ce qui tient à ces deux ordres d'idées ne peut vous être indifférent.

De mon côté, malgré mes longues absences de vos réunions et dans ma solitude vendéenne, je tiens à vous prouver que rien ne saurait m'intéresser comme les débats qui ont pour sujet les études historiques de notre vieille province de Guyenne, ou ses richesses artistiques et monumentales.

D'importants travaux d'architecture, dont toutes les péripéties ne vous sont point étrangères, ont fait naître une petite polémique dans le journal *l'Aquitaine*, polémique dont les diverses pièces ont été publiées dans les numéros de ce journal du 18 mars, 23 avril, 3 juin et 1er juillet 1866.

Pour mon compte, et pour l'instant, je m'en serais très probablement tenu là, quitte à reprendre plus tard un sujet de discussion si abondant et si grave; cependant je rentre dès aujourd'hui dans la lice, pour porter à votre connaissance mes lettres à M. le directeur de *l'Aquitaine*, telles que j'ai eu l'honneur de les lui adresser; lettres qui ont été insérées morcelées, dénaturées et rendues inintelligibles par le procédé que M. l'abbé Nolibois a imaginé d'employer.

Je viens donc rétablir l'ordre des diverses pièces de cette polémique, pièces qui, jointes aux procès-verbaux de notre Commission et à ceux du Conseil municipal de la ville de Bordeaux, pourront servir ultérieurement à la rédaction d'une notice sur le nouveau clocher Saint-Michel.

Agréez, Messieurs et chers Collègues, l'expression de mes sentiments tout dévoués.

Ch. MARIONNEAU.

La Salmonnière, 25 juillet 1866.

RÉPONSE A M. L'ABBÉ NOLIBOIS.

I.

Son Éminence Mgr le cardinal Donnet a daigné m'adresser, à propos d'un livre intitulé : *Description des œuvres d'art qui décorent les monuments de Bordeaux*, une lettre dont nous retranchons les éloges : *la modestie le demande*; seulement citons les paroles qui n'avaient certainement pas pour but de faire naître tant de récriminations :

« Après avoir promis, dans votre préface, de ne rien dire
» des auteurs vivants, pourquoi faut-il qu'aux dernières
» lignes de votre volume, vous vous soyez montré sévère,
» jusqu'à l'injustice *peut-être*, envers un des architectes les
» plus éminents de notre époque? Cette page, il est vrai,
» *ne fait pas partie du livre* et peut s'en détacher : je vou-
» drais la voir disparaître. »

Ces observations, empreintes de beaucoup de tact et d'une inépuisable charité, ne satisfaisant qu'à moitié M. l'abbé Nolibois, l'éloquent directeur de l'*Aquitaine* prend la parole et va nous prouver que tout est pour le mieux dans la destruction méthodique de nos vieux édifices.

« Durant tout le cours de son récit, dit M. l'abbé Nolibois, l'auteur est appelé à apprécier les œuvres d'un grand nombre d'artistes; mais toujours il énumère ces travaux, sans jamais les caractériser, dans la crainte si légitime que *son esprit ne soit la dupe de son cœur*. MM. Burguet, Durand, Villiet passant devant lui, il s'incline respectueusement, les saluant avec courtoisie, mais se gardant bien de juger d'une façon quelconque les œuvres dues à leur talent.

» Cette attitude vis-à-vis d'artistes vivants, je ne saurais trop la louer. Pourquoi cependant l'oublier à l'endroit d'un architecte éminent et s'écrier, à propos de la tour de Saint-

Michel : *Frcis imprévus, disposition ancienne, hélas! hélas! qu'êtes-vous devenus !*

» Tout d'abord, je pourrais dire à M. Marionneau qu'il y a eu des frais imprévus, parce que, malgré lui, M. Abadie a été obligé d'exécuter des travaux de consolidation qu'on lui a imposés et qu'il n'a jamais crus nécessaires. Puis, je pourrais encore interroger l'érudit écrivain, et lui demander s'il connaît un architecte qui ait jamais exécuté des travaux importants sans dépasser son devis.

» Pour moi, je n'en connais pas en France; je dis en France, parce que je connais un ingénieur, un seul, homme aimable et très-aimé, habitant Constantinople, qui a le talent d'exécuter les travaux promis en économisant sur les sommes allouées 3/10e. Récemment il a, sur un million destiné à des travaux hydrauliques, eu de disponible 300,000 francs. Son secret, il ne le cache pas, gît dans la confiance et l'affection illimitées qu'il provoque et qui lui permettent de demander 20 francs, qui lui sont toujours accordés, là où 10 suffisent pour les autres. »

Cette petite plaidoirie valait bien une récompense; M. Abadie ne la fit pas attendre; la voici précédée d'un petit acte d'humilité de M. l'abbé Nolibois :

Retrancher les éloges que M. Abadie nous adresse dans la lettre suivante, *la modestie le demandait peut-être,* mais n'aurions-nous pas enlevé à sa lettre son cachet d'opportunité. Donc nos lecteurs nous pardonneront ce petit panégyrique; ils nous le pardonneront en faveur des graves enseignements que renferme cette pièce si précieuse pour nous.   J. N.

Paris, 27 mars 1866.

CHER MONSIEUR NOLIBOIS,

Je serais vraiment bien ingrat, si je ne vous remerciais pas des bonnes paroles que vous avez imprimées dans *l'Aquitaine* du 18 mars, à propos de quelques mots peu bienveillants de M. Marionneau au sujet de la Tour de Saint-Michel.

Cet auteur, qui a cru devoir se tenir sur la réserve au sujet de quelques-uns de mes confrères, dans la crainte *que son esprit ne fût dupe de son cœur*, n'a pas éprouvé le même besoin à mon égard.

A mon sujet, il n'a pas hésité à laisser *son cœur duper son esprit*, la preuve en est assez clairement exprimée; au moins c'est de la franchise.

Je ne voudrais pourtant pas laisser dans *l'esprit* de l'auteur ces doutes qui lui arrachent un soupir.

Qu'êtes-vous devenus, frais imprévus (bien imprévus, en effet), disposition ancienne! On dirait vraiment que j'ai mis le tout dans mon escarcelle; les frais imprévus sont convertis en pierres à la base de la tour, et quant à la disposition ancienne, elle n'a subi aucune altération; au contraire, la première pensée des constructeurs de l'édifice s'y trouve réalisée aujourd'hui; la flèche, les pyramidions, les galeries, les balustrades, les ouvertures, s'y retrouvent en même nombre et à la même place. Quelle autre chose que cet ensemble reproduit peut-on appeler la disposition?

Il me semble, et je voudrais me tromper, qu'en cette circonstance *l'esprit de l'auteur s'est laissé largement duper par son cœur;* mais si *le cœur* a trompé *l'esprit*, les yeux au moins auraient dû l'avertir.

Peut-on franchement regretter que l'on ait donné à la base de la tour une ampleur qui évidemment lui manquait, une solidité apparente et effective en rapport avec sa grande élévation? Certainement non. Où donc se trouve le motif de ces deux hélas, qui poussent au soupçon et aux larmes?

En vérité, les hommes qui bâtissent sur papier avec encre et caractères d'imprimerie sont bien exigeants, bien sévères envers ceux qui donnent un corps, une forme à leurs rêves; et qui, pour y arriver, exposent leur repos, leur réputation, leur vie, le bonheur de leur famille.

Heureux écrivains! Pauvres architectes!

Vous qui comprenez les difficultés de toutes sortes que les derniers ont à surmonter, vous leur venez en aide, au lieu de les décourager, vous les consolez, vous les soutenez dans la rude tâche qu'ils ont entreprise.

Vous faites bien. L'éloge justifié est plus difficile que la critique hasardée; il est plus méritant, surtout quand celui qui le pratique consulte *l'esprit* qui éclaire, et non *le cœur* qui est si rarement un conseiller impartial.

Je suis tout à vous du plus entier dévouement.

P. ABADIE.

Cette lettre demandait une réponse; nous nous empressâmes de l'adresser à M. le directeur de l'*Aquitaine*, qui la fit insérer dans son journal du 3 juin, précédée des lignes suivantes :

> La lettre qui suit, à nous adressée par M. Marionneau, nous est parvenue le jeudi 17 mai. — Ce n'est pas une réponse *en règle* que nous voulons faire à l'auteur de l'ouvrage appelé *Description des œuvres d'art qui décorent les édifices publics de la ville de Bordeaux*; pour cela, il nous faudrait aller à l'encontre des théories qu'il soutient et que nous n'adoptons pas, théories qui sont prêchées avec d'autant plus d'insistance, que presque nulle part elles ne sont adoptées, du moins dans la pratique.
>
> Au fur et à mesure que nous transcrirons cette lettre, nous y répondrons par des observations imprimées en petits caractères, ce genre de composition nous paraissant plus facile pour suivre sans efforts cette petite polémique.

Ici nous apportons un remaniement dans la composition du journal *l'Aquitaine*. M. l'abbé Nolibois trouve *plus facile son genre de composition*. Cette raison ne suffit pas; quand on prend le public pour juge d'une controverse, il faut, avant tout, choisir non pas ce qui est le plus facile, mais ce qui est le plus méthodique, ce qui est le plus en usage entre les polémistes de bonne compagnie, et ne pas interrompre son adversaire à chaque phrase, sous peine d'être rappelé au règlement.

Je vais donc reprendre textuellement [1] ma lettre du 12 mai dernier, en ayant soin d'indiquer par des majuscules les interruptions de M. l'abbé Nolibois; interruptions que je grouperai et qui constitueront sa réponse. Dès lors sera vrai le titre du sommaire du numéro 96 de *l'Aquitaine : Lettre de M. Marionneau et Réponse de M. Nolibois.*

---

[1] En donnant un peu plus d'étendue à ma dernière citation.

A Monsieur l'abbé Nolibois, directeur du journal l'Aquitaine.

Monsieur,

En insérant, il y a deux mois, dans votre journal [l'*Aquitaine*], la lettre si bienveillante que Son Éminence Mgr le cardinal Donnet avait bien voulu m'adresser, vous eûtes la pensée de surenchérir sur les dernières réflexions de cette lettre. J'aurais eu bien mauvaise grâce de me plaindre de ce droit de critique, alors que, d'après vous, je l'aurais exercé moi-même d'une manière trop sévère, disons le mot, injustement [A]. Aussi m'inclinais-je devant votre désapprobation, laissant à des juges compétents le soin de prononcer entre nous [B].

Les choses étaient restées en cet état, lorsque, avant-hier, j'ai reçu votre journal, numéro du 23 avril, dans lequel se trouve une lettre de M. Abadie, à vous adressée, et dont j'ai l'honneur de fournir le sujet principal. Le ton plaintif et désolé de cette lettre [C] me fait supposer qu'elle est tout à fait intime ; c'est un échange de mutuelles sympathies, de communautés de vues et de principes [D]; enfin c'est une pièce qui n'était point destinée à la publicité [E]. Mais puisque vous en avez jugé autrement, Monsieur le Directeur, permettez-moi de vous suivre sur le terrain que vous avez choisi.

Le but de la lettre de M. Abadie *est de ne pas laisser dans mon esprit ces doutes qui m'arrachent un soupir*. Je dois, à mon tour, et de bonne foi, développer, le plus brièvement qu'il me sera possible, *les motifs de ces deux hélas! qui poussent aux soupçons et aux larmes*.

Deux reproches contraires m'ont été adressés par les auteurs des comptes rendus de mon ouvrage : les uns n'ont pas compris ma réserve à l'égard des artistes vivants, et m'en ont fait un grief; les autres ne me pardonnent pas d'avoir été plus complétement réservé et prétendent que mon cœur a dupé mon esprit. Comme on le voit, je ne contente personne [F], ce qui n'empêche pas M. Abadie de m'appeler un heureux écrivain [G]. Eh bien! je dois le dire sincèrement, car dans la discussion la loyauté me semble la vertu première, et, mes aveux dussent-ils mécontenter tous les *abadistes*, mes yeux, mon esprit et mon cœur se sont trouvés d'accord pour exprimer mon vif étonnement sur le résultat de cette affaire du clocher Saint-Michel, que M. le maire de Bordeaux a qualifiée publiquement de *déplorable* [1]. Et quel autre mot peindrait mieux ce qui est advenu ? Alors qu'un devis, dont les termes ont été si bien pesés, si bien réfléchis, puisqu'on a pensé devoir les publier et les répandre pour obtenir un plus grand nombre de souscripteurs ; alors que ce devis, s'élevant au chiffre de « 192,211 fr. 66 c.

[1] Rapport du maire, 30 fév 1864. Bordeaux, Bissei, 8°, p. 93.

» (non pas 13 sous, mais 66 centimes), frais imprévus, les honoraires
» de l'architecte, ceux d'un inspecteur des travaux, » présentait le
projet de restauration comme minutieusement étudié; alors que ce devis
grossit et va se transformer en un demi-million et plus, vous vous
étonnez, Monsieur l'architecte, que je pousse un cri de surprise et d'exclamation douloureuse ? Mais on s'étonnerait pour beaucoup moins, je
vous le jure, que pour ces frais imprévus (et bien imprévus en effet,
comme vous le dites). Et cependant, de toutes les qualités obligées de
l'architecte, la première n'est-elle pas la *prévoyance* : prévoyance de
l'aspect monumental, prévoyance de solidité et de durée, prévoyance
du chiffre extrême de la dépense, et, sur ce point important, vous aviez
l'expérience si chèrement acquise de Périgueux et d'Angoulême !!
Encore si tous ces gros bataillons de chiffres avaient eu pour but
de nous rendre la physionomie de l'œuvre de Jean Lebas, la question d'argent aurait dû céder devant le résultat obtenu ; mais, *au contraire*, la dépense a été d'autant plus forte, qu'on a moins respecté
l'œuvre primitive. Tous ces frais imprévus, « convertis en pierre à la
base de la tour, » auront inévitablement pour conséquence de moderniser l'ensemble de la reconstruction, d'effacer jusqu'aux moindres
traces d'un passé plein de poésie, de souvenirs et de grandeur !

« Quant à la disposition ancienne, dit M. Abadie, elle n'a subi
aucune altération; *au contraire*, la première pensée des constructeurs
de l'édifice s'y trouve réalisée aujourd'hui. »

Cet *au contraire* me semble énigmatique, et de ce qu'il y ait maintenant, comme autrefois, une flèche, des pyramidions, des galeries,
des balustrades, des ouvertures en même nombre et à la même place,
s'ensuit-il que cet ensemble reproduise le style et le caractère que
présentait le clocher Saint-Michel, le 29 septembre 1492 ?

Je pose la question devant mes collègues de la Commission des
Monuments historiques de la Gironde, et j'attends sans crainte leur
jugement [II].

En 1859, M. Ch. Des Moulins écrivait ceci : « Ah! sans doute, les
Bordelais désirent qu'on rééditie la flèche de leur chère église de
Saint-Michel; mais, en supposant que le talent d'un éminent architecte opère cette merveille, — difficile à espérer, — de conserver, en la
consolidant, la tour qui semble, comme un vieillard vénérable, trembler et vaciller sur ses soutiens; — s'il pose d'une main hardie une
flèche sur ce socle raffermi, — si sa science profonde et ses savants
calculs ont arrêté le travail de dissolution qui mine à petit bruit
toutes choses, et assuré au monument une durée plusieurs fois séculaire, — il aura fait l'œuvre d'un grand architecte, mais il n'aura pas

rendu à Bordeaux le monument qui lui fut si cher, et le sentiment incorruptible des masses proclamera éternellement, sans jamais les confondre, la distinction des deux fractions de cette apparente unité : *la flèche neuve, le vieux clocher!* » (*L'Ecole du Respect. — Congrès archéologique de Périgueux*, 1859, p. 225) [I].

A l'avenir, nous ne ferons plus cette distinction et nous dirons simplement le clocher neuf de l'église Saint-Michel, ou bien encore histoire monumentale du couteau de Jeannot [J].

Et maintenant que mes deux hélas me semblent justifiés, je dirai encore à M. Abadie : Si je me suis tenu dans une extrême réserve à l'égard des artistes vivants, surtout pour l'appréciation de leurs œuvres, c'est que j'ai pensé que cette réserve était de bon goût de la part d'un de leurs confrères, et, dans tout le corps de mon livre, je ne sache pas m'être départi de ce plan de conduite.

Si, dans le supplément de mon ouvrage, j'ai pensé devoir blâmer, non pas votre œuvre en elle-même, mais les principes de restaurations que vous professez [K], avouez, Monsieur, qu'il y avait une certaine hardiesse de ma part à m'adresser uniquement à l'artiste qui, par sa valeur personnelle, sa puissante influence et sa haute réputation, pouvait tenir peu compte de ma critique [L]. Pour moi, Monsieur, le travail de restauration est un acte d'abnégation, car il s'agit, avant tout, de conserver, de faire revivre une œuvre ancienne et non de hâter l'heure de sa fin. A mon sens, et beaucoup pensent comme moi, vous ne restaurez pas, vous reconstruisez. Je crains que vous ne fassiez école et que le clergé ne patronne votre système et vos errements [M].

Et maintenant, Monsieur le Directeur, à vous ma profession de foi : je m'unis de tout cœur aux puissantes protestations écrites ou verbales des de Caumont, des de Verneilh, des Ch. des Moulins, des J. Delpit, des Léo Drouyn, des Raymond Bordeaux, et je vous dirai, par la voix de ce dernier :

« Ce qu'il faut louer, *ce ne sont pas ces remises à neuf radicales*,
» mais les mesures prises pour sauver des monuments trop longtemps
» aliénés. Rachetez les églises curieuses qui, dans nos grandes villes,
» sont changées en magasins et menacées de démolition.... Applaudis-
» sons à la sage pensée qui, à Tours, a restitué à sa destination la
» belle église de Saint-Julien ; qui, à Bordeaux, a fait racheter la tour
» Pey-Berland... sans cela, dans cent ans, nous n'aurions plus un seul
» monument, et le voyageur qui parcourrait la France n'y trouverait
» plus un seul vestige de son passé et de sa grandeur artistique ! » [N].

Veuillez agréer, Monsieur le Directeur, l'assurance de mes sentiments les plus respectueux.

CHARLES MARIONNEAU.

La Salmonnière, 12 mai 1866.

Réponse de M. l'abbé Nolibois.

[A]. « Il est inutile de dire ce mot, et de faire semblant de le mettre sur notre compte : nous ne l'avons pas écrit nous-même, nous avons dit seulement *inexactitude*. Non pas, certes ! que nous voulions dire qu'il fût mal appliqué dans la circonstance, non ! mais nous ne l'avons pas prononcé ; et comme c'est un acte de courage de l'avoir dit, nous ne voulons pas *injustement* le revendiquer : *cuique suum*.

[B]. » Pouviez-vous faire autrement que de vous incliner ? nous vous disions carrément : Vous nous avez promis, au début de votre admirable livre, de ne point caractériser les ouvrages dont les auteurs seraient vivants. Pourquoi caractériser ceux de M. Abadie ? Serait-il du nombre des trépassés ? Non, Dieu merci ! ou bien la gravité de ses crimes en construction aurait-elle légitimé vos attaques ? Est-il le seul qui ait dépassé son devis ? est-il le seul qui ait modifié une œuvre laissée par nos pères ? Répondez, de grâce, car là est toute la question. Je vous défie de me montrer un architecte, même *de votre école*, qui ait exécuté de grands travaux de restauration sans *dépasser ses devis* et sans *modifier l'œuvre primitive*.

[C]. » Ton plaintif et désolé. — Quoi, vous ne voulez pas que M. Abadie soit ému de ces lignes tracées par vous : *Frais imprévus, disposition ancienne, hélas ! hélas ! qu'êtes-vous devenus ? Ne berçons plus les simples d'une vaine illusion. Le vieux clocher de Jean Lebas n'est plus. A bientôt le clocher-square de M. Abadie.*

» Prenez-vous ces paroles pour des aménités, et voudriez-vous peut-être qu'il nous eût écrit pour nous faire, à votre endroit, l'interprète de ses sentiments de gratitude profonde ?

[D]. » Nous défendriez-vous peut-être d'échanger en public, avec M. Abadie, de mutuelles sympathies, des communautés de vues et de principes ? Mais que sont la lettre de M. Charles Des Moulins, le rapport de M. Delpit à l'Académie de Bordeaux, sur votre ouvrage ? Méritent-ils un autre nom, parce qu'au lieu d'être sur un ton plaintif et désolé, ils sont un éloge solennel et à fond de train ?

[E]. » *Pas destinée à la publicité ?* Votre supposition est tout à fait gratuite ; un *post-scriptum*, que nous n'avons pas reproduit, nous autorisait à publier cette lettre, malgré son ton plaintif et désolé. — Donc, d'après M. Marionneau, « ne seront jamais destinées au public, les lettres écrites sur un « *ton* plaintif et désolé. » (Nouvel axiome de la presse.)

[F]. » Ce dilemme, aussi bien réussi que celui qui se trouve à la page 349 de votre ouvrage, nous parait aussi inintelligible.

» Essayons de le déchiffrer. En commençant votre ouvrage, vous avez écrit, page vii : « A l'égard des artistes » vivants, nous nous abstiendrons de toute réflexion. »

» Or, que ceux qui s'attendaient à recevoir de vous des éloges se fâchent de cette profession de foi, ils ont tort, car vous êtes libre d'écrire ou de taire votre appréciation. Mais, je vous le demande, celui que vous attaquez, que vous attaquez seul et si BRUTALEMENT, est-il coupable de se croire blessé et d'adresser à un ami, sur un *ton plaintif et désolé*, *une lettre destinée à la publicité ?* Si vous aviez tenu votre promesse, vous auriez pu ne pas contenter tout le monde, mais vous n'auriez offensé personne. Et ce n'est pas petite chose.

[G]. » Vraiment vous nous étonnez de vous voir vous inscrire en faux contre cette considération si grave de M. Abadie, qui a fait sur nous et sur bien d'autres, nous le savons, une impression si profonde. Quoi, vous oseriez comparer les tribulations d'amour-propre de l'historien à la grave respon-

sabilité d'un architecte ? Quoi, votre livre n'aurait pas réussi comme il l'a fait ; et la peine que vous en ressentiriez, la perte que vous en éprouveriez, pourraient se comparer au coup mortel qu'aurait reçu M. Abadie, à la ruine qu'aurait subie sa famille, si le clocher se fût abattu sur sa base ! Vraiment, Monsieur, vous nous feriez croire que vous avez écrit sur ces travaux sans les avoir suivis. Un mot seulement sur ce travail gigantesque : « Lors de la descente de l'échafau-
» dage, le maître charpentier, M. Vieuze, effrayé des diffi-
» cultés de l'opération, s'est refusé de la faire. Qu'une seule
» pièce eût échappé des mains des ouvriers, et c'en était
» fait de l'œuvre tout entière. » Notre plume peut tomber, elle ne tuera pas un être vivant ; elle ne fera même tort à personne, *sauf à notre bourse*.

[III]. » Nous ne pouvons ici suivre M. Marionneau sur le terrain où il s'est placé ; nos explications tomberaient sur une matière prohibée aux journaux non politiques, les affaires municipales ; et quoique *abadiste*, nous ne voulons pas essayer de la prison et surtout de l'amende ; lorsque l'œuvre sera terminée, M. Abadie saura se disculper de l'affreux reproche d'avoir berné les simples.

[I]. » M. Marionneau nous permettra-t-il de lui renvoyer la pierre qu'il lance dans notre jardin, en nous baptisant d'*abadiste* ; ne pourrions-nous pas, en effet, l'appeler *mouliniste* avec quelque apparence de raison. Sans doute M. Marionneau aurait tort de mal penser des ÉLUCUBRATIONS SCIENTIFIQUES ET ARCHÉOLOGIQUES DE M. CHARLES DES MOULINS, et de ne pas en dire à tout propos du bien ; il pécherait contre la gratitude en oubliant les lignes magnifiques que ce brillant érudit a tracées en faveur de son livre dans *la Guienne*. Mais il n'aurait pas dû lui faire le tort de prendre dans son écrit (*École du Respect*), un paragraphe où se trouve la plus étonnante contradiction : *Les Bordelais désirent qu'on réédifie la flèche de leur chère église de Saint-Michel .. Mais si on leur* rend ce monument qui leur fut si cher, le sentiment incorruptible des masses proclamera éternellement, sans jamais les confondre, la distinction des deux fractions de cette apparente unité : la flèche neuve et le vieux clocher. — Ces Bordelais sont bien plaisants, ils veulent qu'on fasse une flèche qui n'existe pas à leur vieux clocher, et qu'elle ne soit pas neuve! Et comment réaliser leur désir? Je ne vois d'autre moyen que de ressusciter les pierres que Lebas fit tailler. Mais trêve de plaisanterie, les masses qui ne sont pas archéologues et qui voient avec bonheur s'élever dans chaque paroisse des *flèches aériennes* [1] et qui seraient scandalisées de voir nos bénitiers remplacés par de vieilles cloches renversées [2], tressailleront de joie devant la flèche de Saint-Michel, sans s'inquiéter si elle apparait dans sa pureté tout à fait native ; et les efforts qu'une municipalité intelligente et généreuse aura faits pour restaurer cette merveille de la France, diront aux générations futures notre foi et notre dévouement aux choses saintes, bien mieux que si nous eussions retardé sa ruine en la couvrant d'un *immense hangar.*

[J]. » Eh bien, quel malheur! ne vaut-il pas mieux avoir un couteau complet, s'appelât-il Jeannot, dont on peut se servir, qu'un tronçon qu'on ne saurait utiliser ?

[K]. » Ainsi, M. Abadie, n'écrivez plus sur un ton plaintif et désolé. M. Marionneau n'a rien dit de vous dans le corps de son livre; vous n'avez rien à objecter s'il vous accuse de berner les simples en les berçant de vaines illusions : c'est dans le supplément.

[L]. » Voilà qui est bien flatteur pour MM. les architectes de Bordeaux Ils ont cru, les bonnes gens, qu'on ne disait rien de leurs travaux, parce qu'on craignait de les contrister en louant trop celui-ci et pas assez celui-là : quelle erreur! Non,

[1,2] 23 et 24 décembre 1855. Lettre de M. Ch. Des Moulins dans la *Guienne.*

si on s'est tu sur leurs productions, c'est qu'ils n'avaient ni assez de valeur personnelle, ni assez de puissante influence et de haute réputation pour tenir compte de la critique de M. Marionneau.

[M]. » Nouvelle énigme! Un homme qui, en archéologie, est pour les systèmes, qui est dans des errements, ce même homme peut-il avoir une valeur personnelle, en archéologie s'entend ?

[N]. » Pour nous, tout en admirant vos éloquentes protestations, nous vous dirons que, sans ôter la moindre parcelle de mérite aux célébrités que vous citez dans votre péroraison, nous admirons aussi les travaux de remise à neuf radicale de la rose nord du transept, par M. Mialhe; de la chapelle Saint-Joseph, par M. Labbé, dans la cathédrale; la restauration de l'abside de Sainte-Croix, la reconstruction entière du chœur de l'église Saint-Michel, par M. Burguet, comme nous admirons l'immense et intelligent travail de M. Marionneau, mais le supplément non compris, qui est dans l'article qui concerne M. Abadie, cette fois, disons le mot, une criante injustice.

» J. Nolibois. »

Nous avons déjà constaté l'absence de toutes règles dans cette réponse charitable; examinons brièvement la forme littéraire, qui en trahit la provenance.

Virgile s'inspirait au milieu des champs; de là sa grâce et ses peintures vraies de la nature; M. l'abbé Nolibois invoque la muse non loin du Palais de Justice; il devait, tout naturellement, écrire une sorte de réquisitoire, où se lisent les mots suivants :

Matières prohibées, *Amende*, *Attaque*, *Blessé*, *Brutalement*, *Coup mortel*, *Tuera*, *Gravité de ses crimes*, *Coupable*, *Prison*, *Exécuté*, *Trépassé*, etc.

Cette litanie s'explique; monsieur l'abbé, se trouvant dans un grand embarras pour traiter une question d'art, a pensé devoir s'inspirer des *rubriques* du Code pénal, afin de mieux venger la gothicomanie.

Ayant caractérisé la réponse de M. Nolibois, nous allons, mes chers Collègues, vous présenter notre réplique et formuler nos conclusions.

———

Nous trouvons inutile de répondre à toutes les interruptions qui ne se rapportent pas au fait principal de notre débat, comme nous négligeons, pour le moment, la lettre de M. Abadie.

Il y a des choses qu'il suffit de transcrire pour en faire sentir le grotesque et le manque de sens. Ainsi, M. Abadie, déplorant le sort de *pauvres architectes qui exposent leur réputation* en entreprenant des constructions grandioses ou compromettent *le bonheur de leur famille*, lorsqu'ils palpent une part des millions qu'ils font dépenser; ainsi M. l'abbé Nolibois [G], oubliant qu'une œuvre architecturale, sans *s'abattre sur sa base*, peut mériter la critique comme un gros livre, compare l'écroulement d'un édifice à la chute d'une œuvre littéraire. Il est inutile de réfuter de pareilles assertions. Cependant nous croyons devoir cette courte réponse aux observations de M. l'abbé Nolibois.

Interruption B.

Dans un beau mouvement oratoire, Monsieur l'abbé s'écrie :
« M. Abadie est-il le seul qui ait dépassé ses devis ? est-il le seul qui ait modifié une œuvre laissée par nos pères ?
» Répondez, de grâce, car là est toute la question.
» Je vous défie..... etc. »
Calmez-vous, Monsieur l'abbé ; ne forcez pas votre talent... comment ! de ce que des faits et des actes, flagellés par tous les amis des arts et de l'histoire (les amis vrais et les désintéressés), ne sont, hélas ! que trop nombreux et trop encouragés par le *faux zèle*, doit-il en résulter, non-seulement un acquittement, mais même une exaltation pour toutes les *vandaleries* qui se commettent ? Ah ! Monsieur, votre raisonnement n'est rien moins qu'un aveu naïf des nombreuses profanations dont nos yeux sont trop souvent affligés.

Interruption F.

« *Ce dilemme, aussi bien réussi que celui qui se trouve à la page 349 de votre ouvrage, nous paraît aussi inintelligible. Essayons de le déchiffrer.* » Nous allons vous aider, Monsieur l'abbé.
Deux reproches contraires m'ont été adressés par les auteurs des comptes rendus de mon ouvrage.
Pendant que Son Eminence m'écrivait, comme on l'a déjà lu : « Après avoir promis, dans votre préface, de ne rien dire des auteurs vivants, pourquoi faut-il qu'aux dernières lignes de votre volume, *vous vous soyez montré sévère*, jusqu'à l'injustice peut-être, envers un des architectes les

plus éminents de notre époque ? »; de son côté, M. Henry Devier, dans le journal *la Gironde*, s'exprimait en ces termes : « Si nous insistons sur cette extrême réserve dans laquelle M. Marionneau a cru devoir s'enfermer, c'est que *nous ne pouvons l'approuver d'avoir laissé au lecteur entière liberté dans ses jugements et de s'abstenir de toute réflexion à l'égard des artistes vivants.* Nous savons bien que ces Messieurs ont la fibre facilement irritable ; mais cette raison n'est pas suffisante pour qu'on s'abstienne de dire ce qu'on pense de leurs œuvres. »

M. Nolibois appelle cette divergence d'opinion sur mon trop ou trop peu de critique, un *dilemme indéchiffrable*; allons, va pour dilemme!

Mais, vous, Monsieur l'abbé, qui lisez tant de choses, votre architecte n'aurait-il rien écrit? dites-le moi ?

M. Abadie n'était-il pas *le seul* des artistes, désignés dans mon ouvrage, qui avait pris des engagements publics? Et suis-je tenu à la réserve quand il s'en affranchit si complétement?

En 1861, lorsque j'écrivais les notices de Sainte-Croix et de Saint-Michel, n'étais-je pas plein de bon vouloir et de belles espérances sur les travaux confiés à M. Abadie? Relisez les pages 182, 202, 267, 272 de mon livre, et vous verrez, Monsieur, si je n'accordais pas à votre ami une pleine et entière confiance. Je n'ignorais pas, cependant, ce qui s'était passé ailleurs ; mais, en raison des protestations qui avaient été si vivement formulées, j'espérais que de pareils faits ne se reproduiraient plus. J'avais alors sous les yeux cette petite brochure de 8 pages imprimée chez M. Gounouilhou, et que je regardais comme un programme sincère : *Paroisse Saint-Michel de Bordeaux.* — Restauration de la tour isolée. Signé et daté : P. Abadie, — 7 novembre 1857 ; brochure que votre ami doit amèrement regretter d'avoir produite, car il y a constaté de nouveau combien les actes diffèrent souvent des paroles. De plus, il existe encore un dessin de votre protégé dont les proportions, assez développées, permettent de bien apprécier quel devait être le caractère et le style du nouveau travail ; eh bien! replacez ce dessin sous les yeux du public bordelais, et défiez-nous de trouver des experts pour constater que ce projet n'a pas été suivi, et que nous avions tort d'écrire, *en 1864, dans notre Supplément,* qui ne fait pas partie de notre livre, comme l'a si bien compris Son Eminence : « *Frais imprévus, disposition ancienne, hélas! hélas! qu'êtes-vous devenus!* »

Non, Messieurs, nous n'accepterons jamais comme des actes dignes d'éloges et d'encouragements, *les démolitions* de nos vieux monuments, sous prétexte qu'on les *restaure.* Si l'on acceptait ces *errements*, nous aurions avant peu un Palais-Gallien tout neuf, un Beffroi tout neuf, une Cathédrale toute neuve; 17 millions n'y suffiraient pas, et notre Bordeaux n'en serait pas plus monumental, et bien certainement serait moins historique.

« Si vous aviez tenu votre promesse, nous dit M. Nolibois,
» vous auriez pu ne pas contenter tout le monde. » — Pourquoi cette forme dubitative, Monsieur l'abbé? C'est d'une ingénuité charmante. Ignorez-vous que prétendre à l'approbation générale est une folie?

Ne pas contenter tout le monde! nous savions cela avant d'écrire notre livre ; et ne pas avoir votre approbation ne nous étonne point : les démolisseurs n'aiment pas les archéologues.

INTERRUPTION [L].

Pour l'interruption [L], nous nous plaisons à croire que M. l'abbé a lu notre lettre avec une impardonnable légèreté, ou qu'elle lui a été communiquée en épreuve, après omission d'un mot essentiel.

Dieu merci, bien que nous n'ayons pas prononcé de vœux de charité, nous aurons celle de ne pas supposer que notre adversaire ait tronqué notre texte, pour se donner le malin plaisir de nous faire écrire une irrévérence à l'adresse de nos confrères. Que M. Nolibois veuille nous relire, et nous sommes certain qu'il se hâtera de regretter cette omission [1].

INTERRUPTION. M.

« Nouvelle énigme : Un homme qui, en archéologie, est pour les systèmes, qui est dans des errements, ce même homme peut-il avoir une valeur personnelle, en archéologie, s'entend ? »

Puisqu'il vous semble énigmatique, Monsieur le Directeur, de concilier la valeur réelle de M. Abadie, comme *architecte*, avec sa déplorable influence en archéologie, nous allons vous transcrire l'opinion d'écrivains et de savants distingués ; et veuillez nous pardonner le déplaisir que vous feront ces citations, *en faveur des graves enseignements qu'elles renferment*.

« Nous sommes dans la douloureuse obligation d'ajouter, qu'au moment où s'imprime ce compte rendu, le cloître de Brantôme n'existe déjà plus. M. Abadie vient de le démolir, sans raison, sans prétexte ; et la surprise qu'il nous ménageait ainsi est d'un fâcheux augure pour la suite des restaurations de Saint-Front. Après un pareil trait de

[1] Il existe, de ma première lettre à M. l'abbé Nolibois, deux copies de ma main : l'une adressée à l'un de mes amis de Bordeaux, et l'autre que j'ai conservée. Dans les deux copies, il y a ceci : « Avouez, Monsieur, qu'il y avait une certaine hardiesse de ma part à m'adresser uniquement à l'artiste qui, par sa valeur personnelle, sa puissante influence et sa haute réputation, pouvait tenir *peu* compte de ma critique. » — Le mot *peu* doit se lire dans la lettre originale, et si vous ne l'avez pas fait imprimer, faites votre *mea culpa*.

hardiesse, il n'est guère permis d'en douter, le cloître de Saint-Front, la façade de l'église latine, les deux confessions si précieuses à tant de titres, et le clocher lui-même disparaîtront successivement, sans que jamais *ces projets destructeurs* aient été publiés à l'avance. La cathédrale entière est mise décidément en *coupe réglée*, et il n'en restera pas la dixième partie. C'est ainsi que, de tout le transept du Nord, on n'a pas conservé un seul chapiteau, ni une seule pierre, à l'exception de deux petit tailloirs que l'architecte parisien aurait pu facilement emporter dans sa malle. Avec *ce système de restauration*, on aura bientôt, à la place du plus curieux monument de France, une église neuve copiée très-librement sur l'ancienne et bâtie du reste avec un *rare talent, comme tout ce que fait M. Abadie.* — Beaucoup de gens trouvent que Saint-Front vaut mieux ainsi; et nous partagerons nous-même cet avis,. le jour où le musée du Louvre échangera ses vieux tableaux de maîtres pour de bonnes copies toutes fraîches, et où la Bibliothèque impériale donnera ses médailles antiques contre autant de Napoléons nouvellement frappés. »

(*Note de M. Félix de Verneilh.* — *Congrès archéologique de France, XXVe session à Périgueux, 1859, p. 147.*)

La cathédrale d'Angoulême est une église à coupoles, laide mais très-curieuse. L'architecte du lieu, M. Abadie, est en train de l'embellir.... en la rebâtissant à peu près de fond en comble. Pauvre cathédrale : elle a eu le tort d'être célèbre parmi les antiquaires; car c'est sa réputation qui lui a valu cette remise à neuf décorée du beau nom de *restauration*. La cathédrale d'Angoulême est, en effet, ou plutôt était une église à coupoles, rivale de S.-Front de Périgueux, et l'un des meilleurs types de ces églises byzantines sur lesquelles M. Félix de Verneilh a écrit un livre qui a fait époque dans l'histoire de l'art. C'était à cette famille d'églises qu'appartenait la cathédrale de Marseille.... Mais laissons là Marseille. Nous sommes à Angoulême, et nous jetons un dernier coup-d'œil sur sa cathédrale. La tour vient d'être réédifiée de fond en comble : M. Abadie a démoli et rebâti ses sept étages aujourd'hui bien propres, bien réguliers, bien d'aplomb. Les archéologues sont furieux et ils ont raison. *Un monument original vaut mieux qu'une traduction.* Ces reproductions de nos architectes modernes avec leur appareil neuf, leur mortier tout frais, leur sèche symétrie, ne sont que de belles infidèles; et fussent-elles d'une exactitude irréprochable, elles inspireront toujours la défiance qui s'attache aux copies. Rien ne garantit l'authenticité de ces sculptures, de ces figures symboliques remises en place ou refaites par des ouvriers qui en ont perdu la signification. L'architecte inconnu de la cathédrale d'Angoulême avait été l'Homère de ce vieux poëme, *M. Abadie en est le Bitaubé....*

Si M. Abadie est à nos yeux un architecte trop peu respectueux pour l'antiquité, nous ne pouvons méconnaître son talent lorsqu'il ne s'agit plus de restaurations, mais bien de constructions neuves. Il est l'auteur de l'église S.-Martial, dont les fondements ont été tracés le 7 avril 1852, et qui cependant a été consacrée le 21 juillet 1853. *Cette église fait honneur à M. Abadie....*

Je ne puis oublier l'œuvre vraiment capitale de M. Abadie : je veux parler de l'hôtel-de-ville en construction à Angoulême. Je déclare que cet édifice très-monumental m'a beaucoup charmé. On dit qu'il coûtera des sommes énormes : (on parle de deux millions) et que les travaux sont interrompus parce que les devis sont depuis longtemps dépassés et que la ville n'a plus d'argent. C'est dommage, car l'œuvre est d'un grand style....

Mais ce qui est surtout intéressant, ce sont les restes du château d'Angoulême qui se trouvent incorporés dans l'aile gauche de ce palais municipal. Il a été question à diverses reprises de raser les nobles tours de ce monument historique, et M. de Montalembert dénonça ce honteux projet en 1833 dans son célèbre écrit *du Vandalisme en France*. Il paraît même que faute d'avoir bien pris ses mesures, M. Abadie a passablement rogné dans ce qui restait de cette forteresse féodale, et la Société d'Archéologie d'Angoulême a eu un débat à soutenir à ce sujet. M. le docteur Gigon a publié en 1859 un *Mémoire pour la conservation du château d'Angoulême*, réponse à M. Abadie [1].

RAYMOND BORDEAUX ; *Journal des Beaux-Arts et de la Littérature.*
— Belgique, 30 avril 1862, pp. 62 et 63.

« Félix de Verneilh, avant la fin de sa belle carrière archéologique, devait avoir un déplaisir qui devint aussi une douleur : « Son beau

---

[1] Voir les publications suivantes, pour des détails sur la démolition du vieux château d'Angoulême : *Bulletin de la Société archéologique et historique de la Charente*, 1859, — 1er trimestre, p. 15 ; — 2e trim., p. 46 ; — 3e trim., p. 124 ; et le journal *le Charentais*, nos des 28 et 29 mars 1859, lesquels contiennent une lettre de M. Abadie, « virulente philippique dirigée contre les « archéologues et les sociétés d'archéologie, lettre regrettable au fond et dans « la forme. »

» livre sur l'architecture byzantine dit assez ce que Saint-Front fut
» pour lui. Il n'aimait pas dans la vieille basilique seulement le plan
» de l'édifice, mais encore l'étude toujours renaissante sur les pro-
» cédés divers et oubliés par lesquels l'art du x₀ siècle avait produit
» son œuvre; *c'était encore la majesté du temps, cette mystérieuse
» présence du passé, avec son cortége de vertus, de gloires, de mal-
» heurs, qui laisse en quelque sorte une empreinte sur des pierres
» séculaires et disparait avec elles.* »

» Il en avait appelé de tous ses vœux *la restauration ;* mais il enten-
dait sous ce nom une *œuvre de réparation* pour les quelques parties
qu'il savait présenter du péril, œuvre surtout de décoration intérieure
dans le goût splendide de l'Orient au xi₀ siècle.

» Quant il vit le MARTEAU DÉMOLISSEUR menacer tout l'édifice, son
rêve s'évanouit.

Vte DE GOURGUES ; (*Le Dragon de Bergerac.* — Bordeaux, Ve Dupuy,
1864, p. 1.)

C'est par millions qu'on chiffre les réparations déjà faites à l'église
de Saint-Front, et c'est des millions encore qu'il faut pour les achever.
« Cette église, dit M. de Caumont, que l'on croit avoir été réparée ou
» reconstruite au x₀ siècle, sur le modèle d'une autre église plus
» ancienne, peut donner une idée assez juste des églises construites
» sous Charlemagne, à l'imitation de Sainte-Sophie. » M. Abadie a
entrepris de rétablir les deux parallélogrammes rectangles formant une
croix grecque, qui composent l'édifice, ainsi que les cinq coupoles
terminées en pyramides qui doivent la surmonter. Pour reconstruire
ces coupoles, il a été obligé de couper l'intérieur de l'église par
d'épaisses murailles provisoires qui lui donnent un bien vilain aspect
et qui menacent de l'obstruer bien longtemps encore. Il faut l'avoir
vu pour se faire une idée de l'encombrement, de la poussière et de la
saleté de cet édifice; le service du culte est relégué dans une des
branches de la croix, tandis que, dans toutes les autres parties, une
foule de tableaux et de magnifiques boiseries sculptées gisent au milieu des décombres et des platras. Le vent et la pluie pénètrent par
toutes les ouvertures. Tout a été attaqué, commencé à la fois, et rien
ne se termine. Si les millions nécessaires continuent à se faire attendre,
la génération actuelle risque fort de ne pas voir la fin de l'édifice.
*Toujours le même système : présenter des devis insuffisants et com-
mencer quand même les travaux, sans être assuré de pouvoir les*

mener à bonne fin ; c'est sur une plus grande échelle l'histoire de l'hôtel de ville d'Angoulême.

BABAUD-LARIBIÈRE. *(Lettres charentaises.* — La Gironde, 28 octobre 1865.)

Il résulte de nos citations qu'on peut tenir pour un habile architecte M. Paul Abadie, ancien élève de M. Achille Le Clère, médailliste de l'école des Beaux-Arts et de l'exposition universelle de 1855, attaché à la Commission des monuments historiques et chevalier de la Légion d'honneur, tout en désirant que cet habile architecte soit préférablement choisi pour les travaux d'*églises neuves*. Mais tous ces titres, toutes ces qualités ne justifient pas M. Abadie d'avoir présidé à la démolition des vieilles cathédrales de Périgueux et d'Angoulême, du vieux château de cette dernière ville, du cloître de Brantôme, de l'ancienne façade de l'église Sainte-Croix et du vieux clocher de l'église Saint-Michel de Bordeaux, faits qui autorisent les plus vives protestations contre les thuriféraires d'une rénovation désastreuse.

II.

Pendant que je rédigeais les notes que j'imprime aujourd'hui, j'adressais la lettre suivante à M. le directeur de l'*Aquitaine* :

Monsieur l'abbé,

J'arrive d'un voyage en Vendée et je prends connaissance de la manière *équitable* dont l'*Aquitaine* a reproduit la lettre que j'ai eu l'honneur de vous adresser [A].

Il était fort inutile, Monsieur, de prévenir vos lecteurs que vous ne vouliez pas me faire une réponse en règle, car c'était mettre en doute leur intelligence [B].

Comment avez-vous pu penser qu'il était nécessaire d'appeler leur attention sur votre aimable procédé? mais il a dû sauter aux yeux des moins clairvoyants [C].

Je me hâte de quitter les questions purement personnelles, questions dans lesquelles vous vous complaisez, et je vais répondre en peu de mots à ce que vous appelez *des théories qui ne sont pas adoptées dans la pratique* [D].

A votre dire, tout se réduirait à ceci :

M. l'architecte du nouveau clocher Saint-Michel « *n'est pas le seul qui ait dépassé son devis et modifié l'œuvre laissée par nos pères; tous les architectes en font autant* [E]. » Donc M. Abadie a raison de dépenser le plus qu'il pourra, et de ne tenir aucun compte de l'œuvre de nos anciens et de ses maîtres [F]. Après un raisonnement de cette force, il n'y a plus qu'à tirer l'échelle [G].

Eh bien! Monsieur l'abbé, outre que je n'adopte pas votre proposition présentée d'une manière si générale, je vous demanderai si c'est à des Bordelais que vous vous adressez quand, à propos de cette *déplorable affaire de la Tour Saint-Michel* (mot que je ne revendique pas), vous ne trouvez sous votre plume que ces expressions *irrégulières*, « *dépasser les devis, modifier l'œuvre primitive* [H]. » Quel étrange abus de la langue française!

Comment, après les chiffres du devis publié en 1857 et les chiffres dont l'*Aquitaine* publiera sans doute ultérieurement la dernière énumération, vous ne trouvez, Monsieur l'abbé, que l'infinitif *dépasser* pour exprimer cet excès de dépense? Pour moi, je l'avoue franchement, *je ne rends pas ma pensée* quand je me sers du mot outrepasser [I].

Après avoir vu l'état ancien du clocher Saint-Michel que nous montrent encore d'anciens dessins originaux, des lithographies, des gravures et des photographies, vous dites *modifier* pour caractériser les grands travaux de reconstruction du trop habile architecte dont vous prenez si maladroitement la défense? [J].

Ah! Monsieur, ce dernier mot est une amère raillerie que ne méritait pas la mémoire des vieux *maistres maçons* Jean Lebas père et fils, mémoire dont vous faites si bon marché. Il est vrai que ces derniers sont morts depuis plus de trois cents ans, qu'ils ne se plaindront pas de l'habillement neuf, ou plutôt du travestissement qu'on donne à leur œuvre, et qu'ils ne vous écriront pas de lettre, que votre modestie ait à redouter de soumettre au public [K].

Du reste je ne m'étonne qu'à demi de l'emploi que vous faites de certains termes ; — quand on voit qualifier de jugement *brutal* un jugement sévère, et *d'élucubrations scientifiques* les travaux d'un homme unanimement respecté et des plus élevés dans la science, il faut évidemment s'attendre à tout [L].

Je reviens à notre débat, pour le résumer ainsi : Je me range, comme simple soldat, sous la bannière de l'*École du respect*, ayant au cœur le culte des belles choses du passé, et vous laisse très-volontiers, Monsieur, dans les rangs de ces hommes dévorés de la passion du neuf, où vous poser en *paladin du vandalisme reconstructeur* [M].

Sans doute, Monsieur, vous trouverez convenable de porter à la connaissance de vos lecteurs ma réponse à votre article du 3 juin, telle que j'ai l'honneur de vous l'adresser, et non morcelée, dépiécée et rendue inintelligible par le procédé que vous avez employé pour ma lettre du 12 mai dernier [N].

Dans cet espoir, j'ai l'honneur d'être, Monsieur l'abbé, votre très-humble serviteur.

Ch. Marionneau.

Au moment où nous corrigeons les épreuves de cette petite polémique, nous recevons notre deuxième lettre imprimée dans l'*Aquitaine*, toujours *genre Nolibois*. M. l'abbé coupe nos soixante-trois lignes de quatorze nouvelles interruptions qui ne forment pas moins de 150 lignes en petits caractères ; de plus, notre réponse est entremêlée de tirades qui rappellent les beaux esprits admis chez *les femmes savantes*. Il est, sans doute, peu généreux de reproduire ce nouveau spécimen de littérature de M. l'abbé Nolibois ; mais, désireux de placer sous les yeux de nos collègues toutes les pièces du débat, nous ne pouvons nous dispenser de cette réimpression ; au surplus, elle nous servira d'intermède dans la question sérieuse qui nous occupe.

DEUXIÈME RÉPONSE DE M. L'ABBÉ NOLIBOIS [1].

[A] « Soyez assez bon, Monsieur, pour nous dire, et nous démontrer surtout, en quoi et comment nous n'avons pas été équitable dans la reproduction de votre lettre. A l'encontre d'une accusation qui met en doute notre fidélité, nous affirmons que, dans votre lettre, pas un mot n'a été modifié, omis, transposé, et que nous avons reproduit intégralement le manuscrit qui nous a été communiqué [2]. Mais serions-nous *injuste* de n'avoir pas attendu, pour répondre, que vous ayez parlé jusqu'au bout; *injuste*, pour avoir élucidé vos réflexions *une à une*, au lieu de les attaquer en masse? Certes, ce n'est pas nous qui méconnaissons cet axiome de toute juste critique, *qu'une proposition n'a un sens déterminé et voulu par l'auteur qu'autant qu'on tient compte de ce qui la précède et de ce qui la suit;* certes, ce n'est pas nous qui ignorons ce vieil aphorisme qui court les rues : *dans l'écrit*

---

[1] Cette deuxième réponse est précédée de ce petit avertissement où débordent les sentiments de la plus exquise urbanité : « Nous recevons, sans être cachetée, la lettre suivante de M. Marionneau; comme celle du même auteur que nous avons déjà publiée et commentée, celle-ci nous est remise par notre imprimeur, qui, lui-même, la tient de M. Delpit. Nous parlons ainsi pour que nos lecteurs puissent remarquer le caractère d'authenticité, peut-être même de collaboration, que cette lettre parait affecter. »
Vous vous étonnez, Monsieur, d'avoir reçu mes lettres décachetées et par l'intermédiaire d'un ami. Ce procédé est toujours employé quand la personne chargée d'une mission est digne, à *tous égards*, de votre confiance. Je ne ferai pas à M. Jules Delpit l'injure de le défendre de sa collaboration aux lettres que je vous adresse. Il est de force plus que suffisante pour répondre, s'il juge le cas digne de lui, à vos suppositions peu bienveillantes.

[2] Sans attendre d'en être prié par vous, je vous ai démontré, Monsieur, en quoi et comment vous aviez manqué d'équité dans la reproduction de ma lettre; je vous ai montré aussi que vous vous trompez, lorsque vous *affirmez* que pas un mot n'a été omis. Non-seulement vous avez oublié un mot, et un mot des plus essentiels, mais vous avez supprimé, à la fin de ma lettre, la formule polie qui la terminait.

d'un homme qu'on veut perdre, on trouve toujours deux mots pour le faire pendre. Oh ! oui, nous aurions été injuste si, à la réception de votre lettre, nous eussions pris la plume et écrit nos commentaires au fur et à mesure que nous lisions chaque phrase, sans attendre d'avoir pris connaissance du tout. *Mais nous n'avons pas procédé de la sorte;* nous avons lu et relu votre lettre depuis la première jusqu'à la dernière syllabe, et ce n'est qu'après ce travail consciencieux que nous avons accolé nos propositions aux vôtres, pour qu'on vît, sans effort aucun, où était l'erreur, où était la vérité; nous sommes fort ignorant en peinture, mais il nous semble qu'on aperçoit bien mieux la supériorité d'un tableau sur un autre, lorsqu'on les juxtapose, que lorsqu'on les tient à vingt mètres de distance l'un de l'autre; et si ce *faire* n'est pas quelquefois habile, jamais, ce nous semble, il n'est *injuste.*

[B] » *Il était fort inutile... car c'était mettre en doute l'intelligence* de nos lecteurs. Ah ça ! y voyons-nous bien clair; et les mots, sans qu'on nous ait prévenu, auraient-ils changé de sens ? Quoi ! *mettre en doute l'intelligence* de plus de deux mille lecteurs, c'est chose inutile ! Il est donc évident que nos lecteurs sont des ignorants ? Quoi ! c'est seulement *inutile !* Dites plutôt, Monsieur, qu'un pareil langage serait bien maladroit, bien dangereux, bien injuste. De plus, dire à nos lecteurs que nous ne voulons pas vous adresser, à vous, Monsieur Marionneau, une réponse en règle, c'était mettre en doute leur intelligence !.... Depuis quand donc dire au public : Je ne traiterai pas ce sujet, est-ce implicitement ajouter: parce que vous n'y comprendriez rien? Beaucoup de raisons nous ont empêché de traiter cette question; *la principale c'est que nous ne la connaissons pas à fond;* non pas, certes, que nous n'ayons essayé de l'apprendre, mais parce que, nulle part, nous ne l'avons vue exposée dans son entier. N'était-il pas plus simple, puisqu'on était sur le terrain des *personnalités* (terrain qu'on va *bientôt quitter*, comme on l'annonce plus bas), qu'on nous accusât tout seul d'ignorance, au lieu de soupçonner, comme atteintes d'un si vilain mal, plus de deux mille personnes?

[C] » Oui, nous sommes de votre avis; notre prose a été parfaitement séparée de la vôtre, et nos lecteurs, même *les moins clairvoyants*, ont su distinguer l'accusation et la défense. C'est tout ce que nous voulions en écrivant à vos côtés; nous sommes heureux d'apprendre de votre bouche que nous avons atteint notre but.

[D] » Nous l'avouons ici : A la première lecture de cette phrase nous avons tressailli d'aise à la pensée de lire l'exposé de ces théories que nous disions tout à l'heure n'avoir rencontrées discutées à fond nulle part. Hélas! chers lecteurs, si, comme nous, vous tenez à lire ce système, comme nous, pleurez son absence, car M. Marionneau le laisse dans ses cartons, où il le détient encore après nous l'avoir promis. Comme lui, donc, passons à un autre sujet.

[E] » Oui, Monsieur, nous avons écrit cette proposition, et nous l'affirmons de nouveau : tous les architectes, qui plus, qui moins, dépassent leurs devis, et modifient l'œuvre qu'ils sont appelés à restaurer; bien plus, en cours d'éxécution, ils modifient l'œuvre qu'eux-mêmes ont conçue.

[F] » Ah! c'est ici que, si l'on eût suivi notre mode de réponse, on n'aurait pas substitué une conclusion absurde à celle que nous avons tirée et que nous copions textuellement : « Vous nous aviez promis, au début de votre admi-
» rable livre, de ne point caractériser les ouvrages dont les
» auteurs seraient vivants. Pourquoi caractériser ceux de
» M. Abadie; serait-il du nombre des trépassés? Non, Dieu
» merci! Ou bien, la gravité de ses crimes en construction
» aurait-elle légitimé vos attaques! Est-il le seul qui ait
» dépassé son devis? Est-il le seul qui ait modifié une
» œuvre laissée par nos pères? Répondez, de grâce, car

» là est toute la question. Je vous défie de montrer un
» architecte, même de votre école, qui ait exécuté de
» grands travaux de restauration, sans dépasser ses devis,
» sans modifier l'œuvre primitive. » On voit qu'il y a loin
de ce que nous avons dit à ce que l'on a l'ingénuité de
vouloir nous faire dire.

[G] » *Doucement*, Monsieur, car *votre raisonnement nous
y fait monter* (à l'échelle); qui sait même si nos lecteurs, en
vous lisant, n'y ont pas grimpé comme nous, et, la tirant
trop vite, vous pourriez mal nous faire.

[H] » *Expressions irrégulières;* adjectif bien pâle, vu
l'exclamation qui va suivre.

[I] » Nous avons conjugué le verbe *dépasser* à tous ses
modes et à tous ses temps, nous prions nos lecteurs de ne
pas nous croire sur parole et de se livrer eux-mêmes à cette
petite gymnastique grammaticale, *il dépasse*, *il dépasserait*,
qu'il dépasse, etc., et nous avouons n'avoir pas trouvé que
ce verbe, à *l'infinitif*, fût plus anodin qu'au présent, qu'au
parfait, voire même au futur, *il dépassera*... Mais il paraît que
ce n'est pas le mode ni le temps que M. Marionneau incrimine, mais le verbe lui-même; *dépasser* ne dit pas le
vingtième de la chose, mais *outre-passer* dit presque tout.
Or, prenez le dictionnaire de l'Académie, et vous y lirez :
DÉPASSER, *aller plus loin*, *aller au-delà;* OUTRE-PASSER, *aller
au-delà*..... Et, tout triomphant d'avoir enterré notre pauvre
dépasser et mis sur le pavois son glorieux *outre-passer*,
M. Marionneau s'écrie sur un ton quasi inspiré : *Quel étrange
abus de la langue française!* — Hélas! quel abus! pouvons-
nous dire à notre tour, que de gens, faisant appel à l'Académie, semblent jurer toujours par la Grammaire des Grammaires de Girault-Duvivier, et qui ne possèdent pas les premiers éléments de Noël et Chapsal!

[J] » *Oh! bien tapé; plus fort que nous aurait succombé
sous le coup.* Après cela, il ne nous reste plus qu'à faire notre

testament. Mais avant de passer de vie à trépas, nous serions heureux de savoir de qui M. Marionneau tient que nous avons été un *maladroit défenseur d'un trop habile architecte*. Sera-t-ce M. Abadie qui lui aurait écrit, à grand renfort d'antithèses, *sur un ton plaintif et désolé*, pour se plaindre de notre gaucherie? Si la lettre est trop *intime pour la publicité*, on peut bien nous en donner connaissance, nous promettons de n'en jamais parler.

[K] » Vous nous dites que si les *maistres massons Jean Lebas, père et fils*, apparaissaient, ils pleureraient de voir leur œuvre habillée de neuf. Nous ne pensons pas comme vous, Monsieur, et nous croyons, au contraire, qu'ils *triompheraient d'aise* à la vue d'une population intelligente et généreuse, travaillant à ressusciter le chef-d'œuvre de leur génie. Que dis-je, ils nous féliciteraient d'avoir su donner à la tour Saint-Michel la pureté de forme, la solidité qu'ils n'avaient pu lui donner eux-mêmes, dans un siècle où l'art gothique commençait à décroître.

[L] » Vous avez écrit dans votre livre: *Frais imprévus, disposition ancienne, hélas! hélas! qu'êtes-vous devenus? Ne berçons plus les simples d'une vaine illusion. Le vieux clocher de Jean Lebas n'est plus, à bientôt le clocher square de M. Abadie*. Est-ce *sévère* ou *brutal*? Nos lecteurs jugeront. Question de nuance. — Et puis, quel mal avions-nous fait en appelant les travaux de M. Des Moulins des élucubrations scientifiques; *élucubration* ne signifie-t-il pas *ouvrage d'érudition*? Mais si l'on veut prendre ce mot en mauvaise part, n'est-il pas nécessaire d'y ajouter une épithète; or, les mots qui suivent dans notre phrase, *brillant érudit*, peuvent-ils même donner lieu à amphibologie?

[M] » M. Marionneau nous permettra bien de ne pas rester où il nous laisse avec un si charmant dédain, et de nous placer même en première ligne sur les bancs de l'*Ecole du respect*, non du respect aveugle et quand même, mais du respect raisonné et libre, comme il convient à un homme intelligent. Pour ce qui est du nom qu'il veut nous inscrire sur le front : *paladin du vandalisme reconstructeur*, nous avouons ingénument ne rien comprendre à cet amalgame d'éléments hétérogènes; peut-être M. Marionneau voudra-t-il bien nous indiquer la source où il faudra puiser pour que la lumière se fasse dans notre esprit; en attendant, nous laissons là son *olla podrida* sans y toucher ; et s'il se range sous la bannière des Des Moulins, nous nous rangeons sous la bannière des Viollet le Duc, des Abadie, des Alaux, des Burguet, des Courau, des Labbé et des Mondet, etc.

[N] » Le procédé que nous avons employé, et que nous désirerions voir employer par M. Marionneau, est celui dont se servent tous les apologistes de la vérité, celui qu'emploie actuellement M. Lasserre, dans sa réfutation du dernier ouvrage de M. Renan; et si M. Marionneau a lu cette admirable polémique, où ce mode puissant, accessible à tous, est mis au service de la vérité, qu'il nous rende la pareille, et, loin de l'incriminer, nous l'en remercierons du plus profond de notre cœur. Nous terminons là cette polémique, désirant qu'il n'en soit plus question. Après tout, à quoi peut-elle servir? Chaque jour, en effet, sans égard pour nos encouragements, sans égard pour les conseils de M. Marionneau, on restaure, on rebâtit même les vieux édifices que le temps allait faire bientôt disparaître; et les masses, si bons juges en pareille matière, et auxquelles M. Marionneau fait appel, trouvent aussi naturel qu'on fasse une flèche, même à un vieux clocher, *qu'il est simple, disent-elles, qu'on abrite un vieux chef avec un chapeau neuf.*

» J. Nolibois. »

Dans cette deuxième réponse, M. Nolibois tient à nous démontrer que son système d'interruptions est un modèle de controverse, et, pour nous faire goûter son raisonnement, il a recours à la comparaison.

> Car nous aimons bien mieux, nous autres gens d'étude,
> Une comparaison qu'une similitude.

« Il nous semble, dit M. l'abbé, qu'on aperçoit bien mieux la supériorité d'un tableau sur un autre, lorsqu'on les juxtapose, que lorsqu'on les tient à vingt mètres de distance l'un de l'autre. » Et, pour joindre l'exemple au précepte, M. Nolibois fractionne notre composition, la découpe et met isolément en regard de ses pastiches les moindres détails de notre toile, sans tenir compte de *l'ensemble*, de ce qui fait précisément le tableau.

Eh bien! franchement, monsieur l'abbé, votre *faire* peut être adroit; mais il est injuste et n'est pas classique. A vrai dire, vous confessez publiquement que vous êtes « *fort ignorant en peinture;* » était-il bien utile de le prouver?

Puisque nous sommes sur le chapitre des aveux de M. l'abbé, citons encore cette phrase heureuse : « Beaucoup » de raisons nous ont empêché de traiter cette question, » la principale, c'est que nous ne la connaissons pas à » fond. »

Avouer que l'on ne connaît pas à fond la question du clocher Saint-Michel, et que, par conséquent, on ne peut la traiter, c'est donner la mesure de la force de ses arguments.

Nous passons la scène de *l'échelle*, où, non content d'y monter, M. l'abbé fait grimper ses lecteurs; puis vient le tour de la *gymnastique grammaticale*. Je vous l'avais bien dit, chers Collègues, c'est un véritable intermède de cirque olympique. — Arrive ensuite le Oh! bien tapé, qui vaut le Quoiqu'on die de M. Trissotin.

> Mais quand vous avez fait ce charmant *bien tapé*,
> Avez-vous compris, vous, toute son énergie?

Et, pour couronner l'œuvre, citons ces mémorables paroles d'un homme intelligent, qui se place en première ligne de l'*École du respect raisonné et libre*, paroles que la Société française d'archéologie devrait faire graver sur une plaque de marbre, encastrée dans le soubassement du clocher :

« *Les maistres massons Jean Lebas père et fils triomphe-*
» *raient d'aise à la vue d'une population intelligente et géné-*
» *reuse travaillant à ressusciter le chef-d'œuvre de leur génie.*
» *Que dis-je! ils nous féliciteraient d'avoir su donner à la tour*
» *Saint-Michel la pureté de forme, la solidité qu'ils n'avaient*
» *pu lui donner eux-mêmes, dans un siècle où l'art gothique*
» *commençait à décroître!!!* »

Cessons de rire, et déclarons hautement nos convictions et nos regrets.

Notre enthousiasme archéologique ne nous aveugle point.

La vieille tour Saint-Michel n'était pas le plus beau monument de la ville, une huitième merveille du monde, comme d'aucuns le croient; mais c'était le monument le plus bordelais, le plus national, le plus populairement historique!

Œuvre de l'initiative et des deniers d'une simple paroisse, « on y voyait un exemple de ce zèle ardent qui animait
» alors les cœurs fidèles, quand il s'agissait de la construc-
» tion d'une église. Alors on n'avait pas encore vu les maî-
» tres-maçons mercenaires, ni les ouvriers qui ne travail-
» laient qu'à beaux deniers comptants [1], » et, nous ajoute-

---

[1] L'abbé Bulteau, *Description de la cathédrale de Chartres*, 1850, pp. 15 et 18.

rons, ni les municipalités contraintes de venir au secours des fabriques épuisées.

Aux flancs du clocher Saint-Michel était la marque des corporations qui avaient contribué à son achèvement ; et le peuple a conservé le souvenir du désintéressement et du courage de ces hardis *logeurs du bon Dieu*, qui ne recevaient pour toute récompense de leurs périlleux travaux que *trois aunes de drap pour la confection d'un habit.*

Aux murs du clocher était écrite en lettres de feu l'énergie du vieux peuple bordelais ; aux pieds de la tour étaient les cendres de nos pères, et ces cendres dispersées vont servir d'engrais aux plantations d'un square public. Enfin, ce que Louis XIV et le célèbre ingénieur Vauban ne purent obtenir, au lendemain d'une ville envahie par une soldatesque effrénée, sous un dévot prétexte on l'obtient de nos jours !

III.

Il y a déjà plus de trente ans, qu'à propos de ces démolitions sans vergogne, surgit une phalange d'hommes dévoués qui adopta pour devise ce cri d'un de ses chefs : *Guerre aux démolisseurs.* Ces vrais amis de l'art et de l'histoire remportèrent tout d'abord quelques avantages, mais puisque l'excès de zèle, l'égoïsme ou l'ignorance tressent des couronnes à ces pseudo-gothiques qui ne se lassent pas de mutiler, rappelons ces paroles si françaises et si patriotiques :

« Il faut qu'un cri universel appelle la nouvelle France au secours de l'ancienne ; tous les genres de profanations, de dégradations et de ruine menacent à la fois le peu qui nous reste de ces admirables monuments du moyen âge, où s'est imprimée la vieille gloire nationale, auxquels s'attachent à la fois la mémoire des rois et la tradition des peuples.

» Chaque jour quelque vieux souvenir de la France s'en va avec la pierre sur laquelle il était écrit, chaque jour nous brisons quelque lettre du vénérable livre de la tradition, et bientôt, quand la ruine de toutes ces ruines sera achevée, il ne nous restera plus qu'à nous écrier avec ce Troyen qui, du moins, emportait ses dieux :

..... Fuit Ilium, et ingens
Gloria..... [1]. »

[1] Victor Hugo : *Guerre aux démolisseurs*, 1825-1832.

Nantes, imp. Vincent Forest et Émile Grimaud, place du Commerce, 4.

www.ingramcontent.com/pod-product-compliance
Lightning Source LLC
Chambersburg PA
CBHW061015050426
42453CB00009B/1445